Todos los libros de Linkgua Ediciones cuentan con modelos de Inteligencia Artificial entrenados por hispanistas. Pregúntale al chat de tu libro lo que desees acerca de la obra o su autor/a.

Para ebooks: Accede a nuestro modelo de IA a través de este enlace.

Para libros impresos: Escanea el código QR de la portada con tu dispositivo móvil.

Obtén análisis detallados de nuestros libros, resúmenes, respuestas a tus preguntas y accede a nuestras ediciones críticas generativas para una experiencia de lectura más enriquecedora.
La transparencia y el respeto hacia la autoría de las fuentes utilizadas son distintivos básicos de nuestro proyecto. Por ello, las respuestas ofrecen, mediante un sistema de citas, las fuentes con las que han sido elaboradas.

José Hernández

El gaucho Martín Fierro

Barcelona 2024
Linkgua-ediciones.com

Créditos

Título original: El gaucho Martín Fierro.

© 2024, Red ediciones S.L.

e-mail: info@linkgua.com

Diseño de cubierta: Michel Mallard.

ISBN rústica ilustrada: 978-84-9007-386-5.
ISBN tapa dura: 978-84-1126-101-2.
ISBN ebook: 978-84-9897-231-3.

Sumario

Brevísima presentación

La vida

José Hernández (1834-1886). Argentina.

Nació el 10 de noviembre de 1834. Educado en el Liceo de San Telmo, en 1846 su padre lo llevó al sur de la provincia de Buenos Aires, donde conoció las costumbres de los gauchos.

Su vida estuvo marcada por la política. En 1858, junto a varios opositores al gobierno, emigró a Paraná y combatió en varias batallas.

Hizo además periodismo en *El Nacional Argentino*, con artículos en los que condenaba el asesinato de Vicente Peñaloza. En 1868 editó el diario *El Eco de Corrientes* y un año mas tarde *El Río de La Plata*, donde escribió artículos sobre la cuestión del gaucho y de la tierra, la política de frontera y los indígenas. Más tarde participó en un levantamiento contra el gobierno de Sarmiento.

Fue diputado provincial y, en 1880, siendo presidente de la Cámara de Diputados, defendió la idea de un Estado federal cuya capital fuese Buenos Aires. Murió el 21 de octubre de 1886.

Realismo y épica

Martín Fierro es un personaje heroico. Reflejo de un entorno endémico, ligado a Argentina. El texto está escrito con un estilo peculiar que imita el habla de los gauchos de la época. Ese realismo de fondo contrasta, en cambio, con la versificación exaltada y la rima que el autor impone a su libro.

Aquí me pongo a cantar
al compás de la vigüela,
que el hombre que lo desvela
una pena estraordinaria,
como la ave solitaria   5
con el cantar se consuela.
Pido a los Santos del Cieloo
que ayuden mi pensamiento,
les pido en este momento
que voy a cantar mi historia   10
me refresquen la memoria,
y aclaren mi entendimiento.

Este libro mezcla cierto «antropologismo empírico» (todo tipo de observaciones sobre los «indios» y las costumbres locales) con un sentido del ritmo y del relato que convierte al narrador en una suerte de consejero cercano que conduce a los lectores por un territorio inhóspito:

Y cuando se iban los Indios
con lo que habían manotiao,   470
salíamos muy apuraos
a perseguirlos de atrás;
si no se llevaban más
es porque no habían hallao.

Allí sí, se ven desgracias   475
y lágrimas y afliciones:
naide le pida perdones
al Indio, pues donde dentra
roba y mata cuanto encuentra
y quema las poblaciones.   480

Es así que en algún momento la muerte aparece con un aire íntimo, a manera de confesión personal que parece salida de una tertulia en algún bar recóndito.

Al margen del entorno histórico que rodea a *El gaucho Martín Fierro*, en él la violencia transcurre como parte de unos principios de honor y voluntad de vivir que remiten a la parte más intrincada y oscura del ser humano. En su periplo el personaje principal sella pactos de sangre y encuentra profundas lealtades junto a odios igualmente intensos.

> Di para atrás unos pasos
> hasta que pude hacer pie,
> por delante me lo eché
> de punta y tajo a un criollo, 1630
> metió la pata en un hoyo,
> y yo al hoyo lo mandé.

Asimismo se esbozan los principios de otro tipo de «amor cortés» marcado por la mala vida, el recelo y la intuición.

> ¡Es sonzo el cristiano macho
> cuando el amor lo domina!
> él la miraba a la indina,
> y una cosa tan jedionda 1870
> sentí yo, que ni en la fonda
> he visto tal jedentina.

El gaucho Martín Fierro

I. Aquí me pongo a cantar

al compás de la vigüela,
que el hombre que lo desvela
una pena estraordinaria,
como la ave solitaria   5
con el cantar se consuela.

   Pido a los Santos del Cielo
que ayuden mi pensamiento,
les pido en este momento
que voy a cantar mi historia   10
me refresquen la memoria,
y aclaren mi entendimiento.

   Vengan Santos milagrosos,
vengan todos en mi ayuda,
que la lengua se me añuda   15
y se me turba la vista;
pido a mi Dios que me asista
en esta ocasión tan ruda.

   Yo he visto muchos cantores,
con famas bien obtenidas,   20
y que después de alquiridas
no las quieren sustentar:
parece que sin largar
se cansaron en partidas.

   Mas ande otro criollo pasa   25
Martín Fierro ha de pasar,
nada lo hace recular

ni las fantasmas lo espantan;
y dende que todos cantan
yo también quiero cantar.

Cantando me he de morir,
cantando me han de enterrar,
y cantando he de llegar
al pie del Eterno Padre
dende el vientre de mi madre
vine a este mundo a cantar.

Que no se trabe mi lengua
ni me falte la palabra
el cantar mi gloria labra
y poniéndome a cantar,
cantando me han de encontrar
aunque la tierra se abra.

Me siento en el plan de un bajo
a cantar un argumento
como si soplara el viento
hago tiritar los pastos
con oros, copas y bastos,
juega allí mi pensamiento.

Yo no soy cantor letrao,
mas si me pongo a cantar
no tengo cuándo acabar
y me envejezco cantando;
las coplas me van brotando
como agua de manantial.

Con la guitarra en la mano   55
ni las moscas se me arriman,
naides me pone el pie encima,
y cuando el pecho se entona,
hago gemir a la prima
y llorar a la bordona.   60

Yo soy toro en mi rodeo
y toraso en rodeo ageno,
siempre me tuve por güeno
y si me quieren probar,
salgan otros a cantar   65
y veremos quién es menos.

No me hago al lao de la güeya
aunque vengan degollando,
con los blandos yo soy blando
y soy duro con los duros,   70
y ninguno, en un apuro
me ha visto andar titubiando.

En el peligro ¡qué Cristos!
el corazón se me enancha
pues toda la tierra es cancha,   75
y de esto naides se asombre,
el que se tiene por hombre
ande quiera hace pata ancha.

Soy gaucho, y entiendanló
como mi lengua lo esplica,   80
para mí la tierra es chica
y pudiera ser mayor,

ni la víbora me pica
ni quema mi frente el Sol.

   Nací como nace el peje   85
en el fondo de la mar,
naides me puede quitar
aquello que Dios me dio
lo que al mundo truje yo
del mundo lo he de llevar.   90

   Mi gloria es vivir tan libre
como el pájaro del Cielo,
no hago nido en este suelo
ande hay tanto que sufrir;
y naides me ha de seguir   95
cuando yo remonto el vuelo.

   Yo no tengo en el amor
quien me venga con querellas,
como esas aves tan bellas
que saltan de rama en rama   100
yo hago en el trébol mi cama,
y me cubren las estrellas.

   Y sepan cuantos me escuchan
de mis penas el relato
que nunca peleo ni mato   105
sino por necesidá;
y que a tanta alversidá
solo me arrojó el mal trato.

   Y atiendan la relación

que hace un gaucho perseguido   110
que fue buen padre y marido
empeñoso y diligente,
y sin embargo la gente
lo tiene por un bandido.

II. Ninguno me hable de penas

porque yo penando vivo
y naides se muestre altivo
aunque en el estribo esté,
que suele quedarse a pie
el gaucho más alvertido.   120

   Junta esperencia en la vida
hasta pa dar y prestar,
quien la tiene que pasar
entre sufrimiento y llanto;
porque nada enseña tanto   125
como el sufrir y el llorar.

   Viene el hombre ciego al mundo
cuartiándolo la esperanza,
y a poco andar ya lo alcanzan
las desgracias a empujones;   130
¡Jue pucha! que trae liciones
¡el tiempo con sus mudanzas!

   Yo he conocido esta tierra
en que el paisano vivía.
Y su ranchito tenía   135
y sus hijos y mujer...
Era una delicia el ver
cómo pasaba sus días.

   Entonces... cuando el lucero
brillaba en el cielo santo   140
y los gallos con su canto

la madrugada anunciaban,
a la cocina rumbiaba
el gaucho... que era un encanto.

    Y sentao junto al jogón
a esperar que venga el día,
al cimarrón le prendía
hasta ponerse rechoncho,
mientras su china dormía
tapadita con su poncho.

    Y apenas el horizonte
empezaba a coloriar,
los pájaros a cantar,
y las gallinas a apiarse,
era cosa de largarse
cada cual a trabajar.

    Éste se ata las espuelas
se sale el otro cantando,
uno busca un pellón blando,
éste un lazo, otro un rebenque,
y los pingos relinchando
los llaman desde el palenque.

    El que era pión domador
enderezaba al corral,
ande estaba el animal
bufidos que se las pela...
Y más malo que su agüela
se hacía astillas el bagual.

Y allí el gaucho inteligente
en cuanto al potro enriendó,   170
los cueros le acomodó
y se le sentó en seguida,
que el hombre muestra en la vida
la astucia que Dios le dio.

Y en las playas corcobiando   175
pedazos se hacía el sotreta,
mientras él por las paletas
le jugaba las lloronas,
y al ruido de las caronas
salía haciéndose gambetas.   180

¡Ah! ¡tiempos!... era un orgullo
ver ginetiar un paisano.
Cuando era gaucho vaquiano
aunque el potro se boliase
no había uno que no parase   185
con el cabresto en la mano.

Y mientras domaban unos,
otros al campo salían,
y la hacienda recogían,
las manadas repuntaban,   190
y ansí sin sentir pasaban
entretenidos el día.

Y verlos al caer la noche
en la cocina riunidos
con el juego bien prendido   195
y mil cosas que contar,

platicar muy divertidos
hasta después de cenar.

Y con el buche bien lleno
era cosa superior   200
irse en brazos del amor
a dormir como la gente,
pa empezar al día siguiente
las faenas del día anterior.

¡Ricuerdo!... ¡Qué maravilla!   205
cómo andaba la gauchada,
siempre alegre y bien montada
y dispuesta pa el trabajo...
pero hoy al presente... ¡barajo!
no se le ve de aporriada.   210

El gaucho más infeliz
tenía tropilla de un pelo,
no le faltaba un consuelo
y andaba la gente lista...
tendiendo al campo la vista   215
solo vía sino hacienda y cielo.

Cuando llegaban las yerras,
¡cosa que daba calor!
tanto gaucho pialador
y tironiador sin yel.   220
¡Ah tiempos!... pero sin él
se ha visto tanto primor.

Aquello no era trabajo,

más bien era una junción,
y después de un güen tirón   225
en que uno se daba maña,
pa darle un trago de caña
solía llamarlo el patrón.

  Pues vivía la mamajuana
siempre bajo la carreta,   230
y aquel que no era chancleta
en cuanto el goyete vía,
sin miedo se le prendía
como güérfano a la teta.

  ¡Y qué jugadas se armaban   235
cuando estábamos riunidos!
Siempre íbamos prevenidos
pues en tales ocasiones,
a ayudarles a los piones
caiban muchos comedidos.   240

  Eran los días del apuro
y alboroto pa el hembraje,
pa preparar los potajes
y obsequiar bien a la gente,
y ansí, pues, muy grandemente,   245
pasaba siempre el gauchage.

  Venía la carne con cuero,
la sabrosa carbonada,
mazamorra bien pisada
los pasteles y el güen vino...   250
pero ha querido el destino,

que todo aquello acabara.

Estaba el gaucho en su pago
con toda siguridá:
pero aura... ¡barbaridá!   255
la cosa anda tan fruncida,
que gasta el pobre la vida
en juir de la autoridá.

Pues si usté pisa en su rancho
y si el alcalde lo sabe   260
lo caza lo mesmo que ave
aunque su mujer aborte...
¡No hay tiempo que no se acabe
ni tiento que no se corte!

Y al punto dese por muerto   265
si el alcalde lo bolea,
pues ay nomás se le apea
con una felpa de palos,
y después dicen que es malo
el gaucho si los pelea.   270

Y el lomo le hinchan a golpes,
y le rompen la cabeza,
y luego con ligereza
ansí lastimao y todo,
lo amarran codo con codo   275
y pa el cepo lo enderiezan.

Ay comienzan sus desgracias,
ay principia el pericón;

porque ya no hay salvación,
y que usté quiera o no quiera,   280
lo mandan a la frontera
o lo echan a un batallón.

  Ansí empezaron mis males
lo mesmo que los de tantos,
si gustan... en otros cantos   285
les diré lo que he sufrido
después que uno está... perdido
no lo salvan ni los santos.

III. Tuve en mi pago en un tiempo

hijos, hacienda y mujer,   290
pero empecé a padecer,
me echaron a la frontera,
¡y qué iba a hallar al volver!
Tan solo hallé la tapera.

Sosegao vivía en mi rancho   295
como el pájaro en su nido
allí mis hijos queridos
iban creciendo a mi lao...
Solo queda al desgraciao
lamentar el bien perdido.   300

Mi gala en las pulperías
era en habiendo más gente,
ponerme medio caliente
pues cuando puntiao me encuentro
me salen coplas de adentro   305
como agua de la virtiente.

Cantando estaba una vez
en una gran diversión;
y aprovechó la ocasión
como quiso el Juez de Paz...   310
se presentó, y ahí no más
hizo una arriada en montón.

Juyeron los más matreros
y lograron escapar
yo no quise disparar   315

soy manso y no había por qué
muy tranquilo me quedé
y ansí me dejé agarrar.

   Allí un gringo con un órgano
y una mona que bailaba,   320
haciéndonos reir estaba
cuando le tocó el arreo
¡tan grande el gringo y tan feo!
lo viera cómo lloraba.

   Hasta un Inglés sangiador   325
que decía en la última guerra,
que él era de Inca la perra
y que no quería servir,
tuvo también que juir
y guarecerse en la Sierra.   330

   Ni los mirones salvaron
de esa arriada de mi flor
fue acoyarao el cantor
con el gringo de la mona
a uno solo, por favor,   335
logró salvar la patrona.

   Formaron un contingente
con los que del baile arriaron
con otros nos mesturaron
que habían agarrao también.   340
Las cosas que aquí se ven
ni los diablos las pensaron.

A mí el Juez me tomó entre ojos
en la última votación
me le había hecho el remolón   345
y no me arrimé ese día,
y él dijo que yo servía
a los de la esposición.

Y ansí sufrí ese castigo
tal vez por culpas agenas   350
que sean malas o sean güenas
las listas, siempre me escondo
yo soy un gaucho redondo
y esas cosas no me enllenan.

Al mandarnos nos hicieron   355
más promesas que a un altar
el Juez nos jue a ploclamar
y nos dijo muchas veces:
«muchachos a los seis meses
los van a ir a revelar».   360

Yo llevé un moro de número,
¡sobresaliente el matucho!
Con él gané en Ayacucho,
más plata que agua bendita
siempre el gaucho necesita   365
un pingo pa fiarle un pucho.

Y cargué sin dar más güeltas
con las prendas que tenía,
jergas, poncho, cuanto había
en casa, tuito lo alcé   370

a mi china la dejé
media desnuda ese día.

  No me faltaba una guasca,
esa ocasión eché el resto;
bozal, maniador, cabresto,   375
lazo, bolas y manea...
¡el que hoy tan pobre me vea
tal vez no crea todo esto!

  Ansí en mi moro escarciando
enderesé a la frontera;   380
aparcero, si usté viera
lo que se llama Cantón...
Ni envidia tengo al ratón
en aquella ratonera.

  De los pobres que allí había   385
a ninguno lo largaron;
los más viejos rezongaron,
pero a uno que se quejó
en seguida lo estaquiaron
y la cosa se acabó.   390

  En la lista de la tarde
el Gefe nos cantó el punto
diciendo: «quinientos juntos
llevará el que se resierte,
lo haremos pitar del juerte   395
más bien dese por dijunto».

  A naides le dieron armas

pues toditas las que había
el Coronel las tenía,
sigún dijo esa ocasión,   400
pa repartirlas el día
en que hubiera una invasión.

   Al principio nos dejaron
de haraganes criando sebo,
pero después... no me atrevo   405
a decir lo que pasaba
Barajo... si nos trataban
como se trata a malevos.

   Porque todo era jurarle
por los lomos con la espada,   410
y aunque usté no hiciera nada
lo mesmito que en Palermo,
le daban cada cepiada
que lo dejaban enfermo.

   Y ¡qué indios, ni qué servicio!   415
no teníamos ni Cuartel
Nos mandaba el Coronel
a trabajar en sus chacras,
y dejábamos las vacas
que las llevara el infiel.   420

   Yo primero sembré trigo
y después hice un corral,
corté adobe pa un tapial,
hice un quincho, corté paja...
¡La pucha que se trabaja   425

sin que le larguen ni un rial!

   Y es lo pior de aquel enriedo
que si uno anda hinchando el lomo,
se le apean como plomo...
¡quién aguanta aquel infierno!   430
Si eso es servir al Gobierno,
a mí no me gusta el cómo.

   Más de un año nos tuvieron
en esos trabajos duros,
y los indios, le asiguro,   435
dentraban cuando querían:
como no los perseguían
siempre andaban sin apuro.

   A veces decía al volver
del campo la descubierta,   440
que estuviéramos alerta
que andaba adentro la indiada;
porque había una rastrillada,
o estaba una yegua muerta.

   Recién entonces salía   445
la orden de hacer la riunión
y cáibamos al cantón
en pelos y hasta enacaos,
sin armas, cuatro pelaos
que íbamos a hacer jabón.   450

   Ay empezaba el afán
se entiende de puro vicio,

de enseñarle el ejercicio
a tan gaucho recluta,
con un estrutor... ¡qué bruta!   455
que nunca sabía su oficio.

   Daban entonces las armas
pa defender los cantones,
que eran lanzas y latones
con ataduras de tiento...   460
las de juego no las cuento
porque no había municiones.

   Y un sargento chamuscao
me contó que las tenían,
pero que ellos las vendían   465
para cazar avestruces;
y ansí andaban noche y día
dele bala a los ñanduces.

   Y cuando se iban los Indios
con lo que habían manotiao,   470
salíamos muy apuraos
a perseguirlos de atrás;
si no se llevaban más
es porque no habían hallao.

   Allí sí, se ven desgracias   475
y lágrimas y afliciones:
naide le pida perdones
al Indio, pues donde dentra
roba y mata cuanto encuentra
y quema las poblaciones.   480

No salvan de su juror
ni los pobres anjelitos;
viejos, mozos, y chiquitos
los matan del mesmo modo
el indio lo arregla todo   485
con la lanza y con los gritos.

Tiemblan las carnes al verlo
volando al viento la cerda
la rienda en la mano izquierda
y la lanza en la derecha   490
ande enderieza abre brecha
pues no hay lanzaso que pierda.

Hace trotiadas tremendas
dende el fondo del desierto
ansí llega medio muerto   495
de hambre, de sé y de fatiga,
pero el indio es una hormiga
que día y noche está dispierto.

Sabe manejar las bolas
como naides las maneja,   500
cuanto el contrario se aleja
manda una bola perdida,
y si lo alcanza, sin vida
es siguro que lo deja.

Y el indio es como tortuga   505
de duro para espichar,
si lo llega a destripar

ni siquiera se le encoje,
luego sus tripas recoje
y se agacha a disparar.   510

Hacían el robo a su gusto
y después se iban de arriba,
se llevaban las cautivas
y nos contaban que a veces
les descarnaban los pieses   515
a las pobrecitas vivas.

¡Ah! ¡si partía el corazón
ver tantos males, canejos!
los perseguíamos de lejos
sin poder ni galopiar;   520
¡y qué habíamos de alcanzar
en unos bichocos viejos!

Nos volvíamos al cantón
a las dos o tres jornadas,
sembrando las caballadas: 525
y pa que alguno la venda
rejuntábamos la hacienda
que habían dejao resagada.

Una vez entre otras muchas
tanto salir al botón,   530
nos pegaron un malón
los Indios, y una lanciada,
que la gente acobardada
quedó dende esa ocasión.

Habían estao escondidos   535
aguaitando atrás de un cerro
¡lo viera a su amigo Fierro
aflojar como un blandiso!
salieron como maíz frito
en cuanto sonó un cencerro.   540

Al punto nos dispusimos
aunque ellos eran bastantes,
la formamos al istante
nuestra gente que era poca,
y golpiándose en la boca   545
hicieron fila adelante.

Se vinieron en tropel
haciendo temblar la tierra,
no soy manco pa la guerra
pero tuve mi jabón   550
pues iba en un redomón
que había boliao en la sierra.

¡Que vocerío! ¡qué barullo!
¡qué apurar esa carrera!
la Indiada todita entera   555
dando alaridos cargó
Jue pucha... y ya nos sacó
como yeguada matrera.

Qué fletes traiban los bárbaros
como una luz de lijeros   560
hicieron el entrevero
y en aquella mescolanza,

éste quiero, éste no quiero,
nos escojían con la lanza.

   Al que le dan un chuzazo,   565
dificultoso es que sane,
en fin para no echar panes,
salimos por esas lomas,
lo mesmo que las palomas,
al juir de los gavilanes.   570

   ¡Es de almirar la destreza
con que la lanza manejan!
De perseguir nunca dejan
Y nos traiban apretaos
si queríamos de apuraos   575
salirnos por las orejas.

   Y pa mejor de la fiesta
en esta aflición tan suma,
vino un indio echando espuma,
y con la lanza en la mano   580
gritando «Acabau cristiano
metau el lanza hasta el pluma».

   Tendido en el costillar
cimbrando sobre el brazo
una lanza como un lazo   585
me atropeyó dando gritos
Si me descuido... el maldito
me levanta de un lanzazo.

   Si me atribulo, o me encojo,

siguro que no me escapo: 590
siempre he sido medio guapo
pero en aquella ocación,
me hacía buya el corazón
como la garganta al zapo.

Dios le perdone al salvaje   595
las ganas que me tenía...
Desaté las tres marías
y lo engatusé a cabriolas...
Pucha... si no traigo bolas
me achura el indio ese día.   600

Era el hijo de un cacique
sigún yo lo averigüé
la verdad del caso jue
que me tuvo apuradazo
hasta que al fin de un bolazo   605
del caballo lo bajé.

Ay no más me tiré al suelo
y lo pisé en las paletas
empezó a hacer morisquetas
y a mesquinar la garganta...   610
Pero yo hice la obra santa,
de hacerlo estirar la geta.

Allí quedó de mojón
y en su caballo salté,
de la indiada disparé,   615
pues si me alcanza me mata,
y al fin me les escapé
con el hilo de una pata.

IV. Seguiré esta relación

aunque pa chorizo es largo: 620
el que pueda hágase cargo
cómo andaría de matrero,
después de salvar el cuero
de aquel trance tan amargo.

  Del sueldo nada les cuento   625
porque andaba disparando
nosotros de cuando en cuando
solíamos ladrar de pobres
nunca llegaban los cobres
que se estaban aguardando.   630

  Y andábamos de mugrientos
que el mirarnos daba horror;
le juro que era un dolor
¡ver esos hombres por Cristo!
En mi perra vida he visto   635
una miseria mayor.

  Yo no tenía ni camisa
ni cosa que se parezca
mis trapos solo pa yesca
me podían servir al fin...   640
No hay plaga como un fortín
para que el hombre padezca.

  Poncho, jergas, el apero;
las prenditas, los botones,
todo, amigo, en los cantones   645
jue quedando poco a poco,

ya nos tenían medio loco
la pobreza y los ratones.

Solo una manta peluda
era cuanto me quedaba   650
la había agenciao a la taba
y ella me tapaba el bulto
yaguané que allí ganaba
no salía... ni con indulto.

Y pa mejor hasta el moro   655
se me jue dentre las manos
no soy lerdo... pero hermano
vino el comendante un día
diciendo que lo quería
«pa enseñarle a comer grano».   660

Afigúrese cualquiera
la suerte de este su amigo
a pie y mostrando el umbligo,
estropiao, pobre y desnudo,
ni por castigo se pudo   665
hacerce más mal conmigo.

Ansí pasaron los meses
y vino el año siguiente,
y las cosas igualmente,
siguieron del mesmo modo   670
adrede parece todo
pa atormentar a la gente.

No teníamos más permiso,

ni otro alivio la gauchada,
que salir de madrugada   675
cuando no había indio ninguno,
campo ajuera a hacer boliadas
desocando los reyunos.

   Y cáibamos al cantón
con los fletes aplastaos   680
pero a veces medio aviaos
con plumas y algunos cueros
que pronto con el pulpero
los teníamos negociaos.

   Era un amigo del Gefe   685
que con un boliche estaba,
yerba y tabaco nos daba
por la pluma de avestruz,
y hasta le hacía ver la luz
al que un cuero le llevaba.   690

   Solo tenía cuatro frascos
y unas barricas vacías,
y a la gente le vendía
todo cuanto precisaba...
algunos creiban que estaba   695
allí la provedería.

   ¡Ah! pulpero habilidoso
nada le solía faltar
ay juna y para tragar
tenía un buche de ñandú,   700
la gente le dio en llamar

«El boliche de virtud».

   Aunque es justo que quien vende
algún poquito muerda,
tiraba tanto la cuerda   705
que con sus cuatro limetas
él cargaba las carretas
de plumas, cueros y cerda.

   Nos tenía apuntaos a todos
con más cuentas que un rosario,   710
cuando se anunció un salario
que iban a dar, o un socorro
pero sabe Dios que zorro
se lo comió al comisario.

   Pues nunca lo vi llegar   705
y al cabo de muchos días
en la mesma pulpería
dieron una buena cuenta
que la gente muy contenta
de tan pobre recebía.   720

   Sacaron unos sus prendas
que las tenían empeñadas,
por sus deudas atrasadas
dieron otros el dinero,
al fin de fiesta el pulpero   725
se quedó con la mascada.

   Yo me arrecosté a un horcón
dando tiempo a que pagaran,

y poniendo güena cara
estuve haciéndome el poyo,								730
a esperar que me llamaran
para recibir mi boyo.

Pero hay me pude quedar
pegao pa siempre al horcón
ya era casi la oración								735
y ninguno me llamaba
la cosa se me ñublaba
y me dentró comezón.

Pa sacarme el entripao
vi al Mayor, y lo fi a hablar							740
Yo me le empezé a atracar
y como con poca gana
le dije: «tal vez mañana
acabarán de pagar».

«—Qué mañana ni otro día								745
—al punto me contestó—,
la paga ya se acabó,
siempre has de ser animal».
Me raí y le dije: «—yo...
no he recebido ni un rial».							750

Se le pusieron los ojos
que se le querían salir,
y ay no más volvió a decir
comiéndome con la vista:
«¿y qué querés recebir								755
si no has dentrao en la lista?».

«Esto sí que es amolar
—dije yo pa mis adentros—,
van dos años que me encuentro
y hasta aura he visto ni un grullo,   760
dentro en todos los barullos
pero en las listas no dentro.»

Vide el plaito mal parao
y no quise aguardar más...
es güeno vivir en paz   765
con quien nos ha de mandar
y reculando pa trás
me le empezé a retirar.

Supo todo el Comendante
y me llamó al otro día,   770
diciéndome que quería
aviriguar bien las cosas
que no era el tiempo de Rosas,
que aura a naides se debía.

Llamó al cabo y al sargento   775
y empezó la indagación,
si había venido al cantón
en tal tiempo o en tal otro...
y si había venido en potro
en reyuno o redomón.   780

Y todo era alborotar
al ñudo, y hacer papel,
conocí que era pastel

pa engordar con mi guayaca,
mas si voy al Coronel   785
me hacen bramar en la estaca.

   ¡Ah! hijos de una... la codicia
ojalá les ruempa el saco;
ni un pedazo de tabaco
le dan al pobre soldao,   790
y lo tienen de delgao
más lijero que un guanaco.

   Pero qué iba a hacerles yo,
charabón en el desierto,
más bien me daba por muerto   795
pa no verme más fundido
y me les hacía el dormido
aunque soy medio dispierto.

V. Yo andaba desesperao,

aguardando una ocasión   800
que los indios un malón
nos dieran y entre el estrago
hacérmeles cimarrón
y volverme pa mi pago.

  Aquello no era servicio   805
ni defender la frontera
aquello era ratonera
en que solo gana el juerte
era jugar a la suerte
con una taba culera.   810

  Allí tuito va al revés:
los milicos son los piones,
y andan por las poblaciones
emprestaos pa trabajar
los rejuntan pa peliar   815
cuando entran Indios ladrones.

  Yo he visto en esa milonga
muchos Gefes con estancia,
y piones en abundancia,
y majadas y rodeos;   820
he visto negocios feos
a pesar de mi inorancia.

  Y colijo que no quieren
la barunda componer
para esto no ha de tener   825

el Gefe, que esté de estable,
más que su poncho, y su sable,
su caballo y su deber.

    Ansina, pues, conociendo
que aquel mal no tiene cura,   830
que tal vez mi sepoltura,
si me quedo iba a encontrar,
pensé en mandarme mudar
como cosa más sigura.

    Y pa mejor, una noche   835
que estaquiada me pegaron,
casi me descoyuntaron
por motivo de una gresca
Ay juna, si me estiraron
lo mesmo que guasca fresca.   840

    Jamás me puedo olvidar
lo que esa vez me pasó:
dentrando una noche yo
al fortín, un enganchao
que estaba medio mamao   845
allí me desconoció.

    Era un gringo tan bozal,
que nada se le entendía
¡quién sabe de ande sería!
Tal vez no juera cristiano;   850
pues lo único que decía
es que era pa-po-litano.

Estaba de centinela
y por causa del peludo
verme más claro no pudo   855
y esa fue la culpa toda
el bruto se asustó al ñudo
y fi al pavo de la boda.

Cuando me vido acercar:
«Quen vivore»... preguntó   860
«Qué vívoras» —dije yo—
«Ha-garto» —me pegó el grito:
y yo dije despacito
«más lagarto serás vos».

Ay no más. ¡Cristo me valga!   865
Martillar el jucil siento
me agaché, y en el momento
el bruto me largó un chumbo
mamao, me tiró sin rumbo
que si no, no cuento el cuento.   870

Por de contao, con el tiro
se alborotó el abispero
los Oficiales salieron
y se empezó la junción
quedó en su puesto el nación   875
y yo fi al estaquiadero.

Entre cuatro bayonetas
me tendieron en el suelo
vino el Mayor medio en pedo
y allí se puso a gritar   880

«pícaro, te he de enseñar
a andar declamando sueldos».

De las manos y las patas
me ataron cuatro sinchones
les aguanté los tirones   885
sin que ni un ¡ay! se me oyera,
y al gringo la noche entera
lo harté con mis maldiciones.

Yo no sé por qué el Gobierno
nos manda aquí a la frontera,   890
gringada que ni siquiera
se sabe atracar a un pingo
¡Si creerá al mandar un gringo
que nos manda alguna fiera!

No hacen más que dar trabajo   895
pues no saben ni ensillar,
no sirven ni pa carniar,
y yo he visto muchas veces,
que ni voltiadas las reses
se les querían arrimar.   900

Y lo pasan sus mercedes
lengüetiando pico a pico
hasta que viene un milico
a servirles el asao
y eso sí, en lo delicaos,   905
parecen hijos de rico.

Si hay calor, ya no son gente,

si yela, todos tiritan
si usté no les da, no pitan
por no gastar en tabaco,   910
y cuando pescan un naco
uno al otro se lo quitan.

Cuando llueve se acoquinan
como el perro que oye truenos
¡Qué diablos! solo son güenos   915
pa vivir entre maricas
y nunca se andan con chicas
para alzar ponchos ajenos.

Pa vichar son como ciegos,
ni hay ejemplo de que entiendan,   920
ni hay uno solo que aprienda
al ver un bulto que cruza,
a saber si es avestruza,
o si es ginete, o hacienda.

Si salen a perseguir   925
después de mucho aparato,
tuitos se pelan al rato
y va quedando el tendal
esto es como en un nidal
echarle güevos a un gato.   930

VI. Vamos dentrando recién

a la parte más sentida,
aunque es todita mi vida
de males una cadena
a cada alma dolorida   935
le gusta cantar sus penas.

Se empezó en aquel entonces
a rejuntar caballada,
y riunir la milicada
teniéndole en el cantón,   940
para una despedición
a sorprender a la Indiada.

Nos anunciaban que iríamos
sin carretas ni bagajes,
a golpiar a los salvajes   945
en sus mesmas tolderías
que a la güelta pagarían
licenciándolo al gauchaje.

Que en esta despedición
tuviéramos la esperanza,   950
que iba a venir sin tardanza
sigún el Gefe contó,
un ministro o qué sé yo
que le llamaban Don Ganza.

Que iba a riunir el Ejército   955
y tuitos los batallones
y que traiba unos cañones

con más rayas que un cotín
Pucha... las conversaciones
por allá no tenían fin.   960

Pero esas trampas no enriedan
a los zorros de mi laya,
que esa Ganza venga o vaya
poco le importa a un matrero
yo también dejé las rayas...   965
en los libros del pulpero.

Nunca jui gaucho dormido,
siempre pronto, siempre listo
yo soy un hombre, ¡qué Cristo!
que nada me ha acobardao,   970
y siempre salí parao
en los trances que me he visto.

Dende chiquito gané
la vida con mi trabajo,
y aunque siempre estuve abajo   975
y no sé lo que es subir
también el mucho sufrir
suele cansarnos ¡barajo!

En medio de mi ignorancia
conozco que nada valgo   980
soy la liebre o soy el galgo
a sigún los tiempos andan,
pero también los que mandan
debieran cuidarnos algo.

Una noche que riunidos   985
estaban en la carpeta
empinando una limeta
el Gefe y el Juez de Paz
yo no quise aguardar más,
y me hice humo en un sotreta.   990

Me parece el campo orégano
dende que libre me veo
donde me lleva el deseo
allí mis pasos dirijo
y hasta en las sombras, de fijo   995
que donde quiera rumbeo.

Entro y salgo del peligro
sin que me espante el estrago,
no aflojo al primer amago
ni jamás fi gaucho lerdo: 1000
soy pa rumbiar como el cerdo
y pronto caí a mi pago.

Volvía al cabo de tres años
de tanto sufrir al ñudo,
resertor, pobre y desnudo   1005
a procurar suerte nueva
y lo mesmo que el peludo
enderecé pa mi cueva.

No hallé ni rastro del rancho,
¡solo estaba la tapera!   1010
Por Cristo si aquello era
pa enlutar el corazón

Yo juré en esa ocasión
ser más malo que una fiera.

   ¡Quién no sentirá lo mesmo   1015
cuando ansí padece tanto!
Puedo asigurar que el llanto
como una mujer largué
¡Ay! mi Dios si me quedé
¡más triste que Jueves Santo!   1020

   Solo se oiban los aullidos
de un gato que se salvó;
el pobre se guareció
cerca, en una viscachera
venía como si supiera   1025
que estaba de güelta yo.

   Al dirme dejé la hacienda
que era todito mi haber
pronto debíamos volver
sigún el Juez prometía,   1030
y hasta entonces cuidaría
de los bienes la mujer.

...

...

...   1035
...

...

...

    Después me contó un vecino
que el campo se lo pidieron   1040
la hacienda se la vendieron
en pago de arrendamientos,
y qué sé yo cuántos cuentos,
pero todo lo fundieron.

    Los pobrecitos muchachos   1045
entre tantas afliciones,
se conchavaron de piones.
¡Mas qué iban a trabajar
si eran como los pichones
sin acabar de emplumar!   1050

    Por hay andarán sufriendo
de nuestra suerte el rigor:
me han contado que el mayor
nunca dejaba a su hermano
puede ser que algún cristiano   1055
los recoja por favor.

    ¡Y la pobre mi mujer,
Dios sabe cuánto sufrió!
Me dicen que se voló
con no sé qué gavilán   1060
sin duda a buscar el pan
que no podía darle yo.

No es raro que a uno le falte
lo que algún otro le sobre
si no le quedó ni un cobre,   1065
sino de hijos un enjambre,
¡qué más iba a hacer la pobre
para no morirse de hambre!

   ¡Tal vez no te vuelva a ver
prenda de mi corazón!   1070
Dios te dé su proteción
ya que no me la dio a mí
y a mis hijos dende aquí
les echo mi bendición.

   Como hijitos de la cuna   1075
andarán por ay sin madre
ya se quedaron sin padre
y ansí la suerte los deja,
sin naides que los proteja
y sin perro que los ladre.   1080

   Los pobrecitos tal vez
no tengan ande abrigarse,
ni ramada ande ganarse,
ni rincón ande meterse,
ni camisa que ponerse,   1085
ni poncho con que taparse.

   Tal vez los verán sufrir
sin tenerles compasión
puede que alguna ocasión
aunque los vean tiritando,   1090
los echen de algún jogón

pa que no estén estorbando.

    Y al verse ansina espantaos
como se espantan a los perros
irán los hijos de Fierro   1095
con la cola entre las piernas,
a buscar almas más tiernas
o esconderse en algún cerro.

    Mas también en este juego,
voy a pedir mi bolada   1100
a naides le debo nada,
ni pido cuartel ni doy
y ninguno dende hoy
ha de llevarme en la armada.

    Yo he sido manso primero,   1105
y seré gaucho matrero
en mi triste circustancia
aunque es mi mal tan projundo,
nací, y me he criao en estancia,
pero ya conozco el mundo.   1110

    Ya le conozco sus mañas
le conozco sus cucañas,
sé cómo hacen la partida,
la enriendan y la manejan.
Deshaceré la madeja   1115
aunque me cueste la vida.

    Y aguante el que no se anime
a meterse en tanto engorro,
o si no aprétese el gorro

o para otra tierra emigre   1120
pero yo ando como el tigre
que le roban los cachorros.

    Aunque muchos cren que el gaucho
tiene un alma de reyuno
no se encontrará ninguno   1125
que no lo dueblen las penas
mas no debe aflojar uno
mientras hay sangre en las venas.

VII. De carta de más me vía

sin saber a dónde dirme   1130
mas dijeron que era vago
y entraron a perseguirme.

Nunca se achican los males
van poco a poco creciendo,
y ansina me vide pronto   1135
obligao a andar juyendo.

No tenía mujer ni rancho,
y a más era resertor;
no tenía una prenda güena
ni un peso en el tirador.   1140

A mis hijos infelices
pensé volverlos a hallar
y andaba de un lao al otro
sin tener ni qué pitar.

Supe una vez por desgracia   1145
que había un baile por allí
y medio desesperao
a ver la milonga fui.

Riunidos al pericón
tantos amigos hallé,   1150
que alegre de verme entre ellos
esa noche me apedé.

Como nunca, en la ocasión
por peliar me dio la tranca,

y la emprendí con un negro   1155
que trujo una negra en ancas.

Al ver llegar la morena
que no hacía caso de naides
le dije con la mamúa:
«va... ca... yendo gente al baile».   1160

La negra entendió la cosa
y no tardó en contestarme
mirándome como a perro:
«más vaca será su madre».

Y dentró al baile muy tiesa   1165
con más cola que una zorra,
haciendo blanquiar los dientes
lo mesmo que mazamorra.

«Negra linda»... dije yo,
«¡Me gusta pa la carona!»   1170
Y me puse a champurriar
esta coplita fregona:

«A los blancos hizo Dios,
a los mulatos San Pedro,
a los negros hizo el diablo   1175
para tizón del infierno.»

Había estao juntando rabia
el moreno dende ajuera
en lo escuro le brillaban
los ojos como linterna.   1180

Lo conocí retobao,
me acerqué y le dije presto:
«po... r... rudo que un hombre sea
nunca se enoja por esto».

Corcobió el de los tamangos   1185
y creyéndose muy fijo:
«más porrudo serás vos,
gaucho rotoso» —me dijo.

Y ya se me vino al humo
como a buscarme la hebra   1190
y un golpe le acomodé
con el porrón de giñebra.

Ay no más pegó el de hollín
más gruñidos que un chanchito
y pelando el envenao   1195
me atropelló dando gritos.

Pegué un brinco y abrí cancha
diciéndoles: «caballeros,
dejen venir a ese toro,
solo nací... solo muero».   1200

El negro después del golpe
se había el poncho refalao
y dijo: «vas a saber
si es solo o acompañao».

Y mientras se arremangó   1205
yo me saqué las espuelas,
pues malicié que aquel tío

no era de arriar con las riendas.

No hay cosa como el peligro
pa refrescar un mamao,   1210
hasta la vista se aclara
por mucho que haiga chupao.

El negro me atropelló
como a quererme comer
me hizo dos tiros seguidos   1215
y los dos le abarajé.

Yo tenía un facón con S
que era de lima de acero,
le hize un tiro, lo quitó
y vino ciego el moreno.   1220

Y en el medio de las aspas
un planazo le asenté
que le largué culebriando
lo mesmo que buscapié.

Le coloriaron las motas   1225
con la sangre de la herida
y volvió a venir furioso
como una tigra parida.

Y ya me hizo relumbrar
por los ojos el cuchillo,   1230
alcanzando con la punta
a cortarme en un carrillo.

Me hirvió la sangre en las venas

y me le afirmé al moreno,
dándole de punta y hacha   1235
pa dejar un diablo menos.

    Por fin en una topada
en el cuchillo lo alcé,
y como un saco de güesos
contra un cerco lo largué.   1240

    Tiró unas cuantas patadas
y ya cantó para el carnero.
Nunca me puedo olvidar
de la agonía de aquel negro.

    En esto la negra vino,   1245
con los ojos como agí
y empezó la pobre allí
a bramar como una loba.
Yo quise darle una soba
a ver si la hacía callar   1250
mas, pude reflesionar
que era malo en aquel punto,
y por respeto al dijunto
no la quise castigar.

    Limpié el facón en los pastos,   1255
desaté mi redomón
monté despacio, y salí
al tranco pa el cañadón.

    Después supe que al finao
ni siquiera lo velaron   1260
y retobao en un cuero

sin resarle lo enterraron.

Y dicen que dende entonces
cuando es la noche serena
suele verse una luz mala   1265
como de alma que anda en pena.

Yo tengo intención a veces
para que no pene tanto,
de sacar de allí los güesos
y echarlos al campo santo.   1270

VIII. Otra vez en un boliche

estaba haciendo la tarde,
cayó un gaucho que hacía alarde
de guapo y de peliador.

  A la llegada metió
el pingo hasta la ramada
y yo sin decirle nada
me quedé en el mostrador.

  Era un terne de aquel pago
que naides lo reprendía,
que sus enriedos tenía
con el Señor Comendante:

  Y como era protejido,
andaba muy entonao,
y a cualquiera desgraciao
lo llevaba por delante.

  ¡Ah! ¡pobre! si él mismo creiba,
que la vida le sobraba,
ninguno diría que andaba
aguaitándolo la muerte.

  Pero ansí pasa en el mundo,
es ansí la triste vida
pa todos está escondida,
la güena o la mala suerte.

  Se tiró al suelo, al dentrar
le dio un empeyón a un vasco

y me alargó un medio frasco
diciendo «beba cuñao».
«Por su hermana —contesté—,
que por la mía no hay cuidao.»   1300

«¡Ah! gaucho —me respondió—,
¿de qué pago será criollo?
¿Lo andará buscando el hoyo?
¿deberá tener güen cuero?
pero ande bala este toro   1305
no bala ningún ternero.»

   Y ya salimos trensaos
porque el hombre no era lerdo
mas como el tino no pierdo,
y soy medio lijerón,   1310
le dejé mostrando el sebo
de un revés con el facón.

   Y como con la justicia
no andaba bien por allí,
cuando pataliar lo vi,   1315
y el pulpero pegó el grito,
ya pa el palenque salí
como haciéndome chiquito.

   Monté y me encomendé a Dios
rumbiando para otro pago   1320
que el gaucho que llaman vago
no puede tener querencia,
y ansí de estrago en estrago
vive llorando la ausencia.

Él anda siempre juyendo,   1325
siempre pobre y perseguido,
no tiene cueva ni nido
como si juera maldito
Porque el ser gaucho... barajo,
el ser gaucho es un delito.   1330

Es como el patrio de posta
lo larga éste, aquél lo toma,
nunca se acaba la broma
dende chico se parece
al arbolito que crece,   1335
desamparao en la loma.

Le echan la agua del bautismo
aquel que nació en la selva,
«busca madre que te engüelva»
le dice el flaire y lo larga,   1340
y dentra a cruzar el mundo
como burro con la carga.

Y se cría viviendo al viento
como oveja sin trasquila
mientras su padre en las filas   1345
anda sirviendo al Gobierno
Aunque tirite en invierno
naide lo ampara ni asila.

Le llaman «gaucho mamao»
si lo pillan divertido.   1350
Y que es mal entretenido
si en un baile lo sorprienden;
hase mal si se defiende

y si no, se ve... fundido.

   No tiene hijos, ni mujer   1355
ni amigos, ni protetores,
pues todos son sus señores
sin que ninguno lo ampare.
Tiene la suerte del güey
y dónde irá el güey que no are.   1360

   Su casa es el pajonal,
su guarida es el desierto;
y si de hambre medio muerto
le echa el lazo a algún mamón
lo persiguen como a plaito   1365
porque es un gaucho ladrón.

   Y si de un golpe por ay
lo dan güelta panza arriba
no hay un alma compasiva
que le rece una oración   1370
tal vez como cimarrón
en una cueva lo tiran.

   Él nada gana en la paz
y es el primero en la guerra
no le perdonan si yerra   1375
que no saben perdonar,
porque el gaucho en esta tierra
solo sirve pa votar.

   Para él son los calabozos,
para él las duras prisiones   1380
en su boca no hay razones

aunque la razón le sobre,
que son campanas de palo
las razones de los pobres.

    Si uno aguanta, es gaucho bruto 1385
si no aguanta es gaucho malo.
¡Dele azote, dele palo!
¡porque es lo que él necesita!
De todo el que nació gaucho
ésta es la suerte maldita. 1390

    Vamos suerte, vamos juntos
dende que juntos nacimos
y ya que junto vivimos
sin podernos dividir...
yo abriré con mi cuchillo 1395
el camino pa seguir.

IX. Matreriando lo pasaba

y las casas no venía
solía arrimarme de día
mas lo mesmo que el carancho,   1400
siempre estaba sobre el rancho
espiando a la polecía.

Viva el gaucho que ande mal
como zorro perseguido
hasta que al menor descuido   1405
se lo atarazquen los perros,
pues nunca le falta un yerro
al hombre más alvertido.

Y en esa hora de la tarde
en que tuito se adormece,   1410
que el mundo dentrar parece
a vivir en pura calma
con las tristezas de su alma
al pajonal enderiese.

Bala el tierno corderito   1415
al lao de la blanca oveja,
y a la vaca que se aleja
llama el ternero amarrao
pero el gaucho desgraciao
no tiene a quién dar su queja.   1420

Ansí es que al venir la noche
iba a buscar mi guarida
pues ande el tigre se anida
también el hombre lo pasa

y no quería que en las casas   1425
me rodiara la partida.

   Pues aunque vengan ellos
cumpliendo con sus deberes,
yo tengo otros pareceres
y en esa conduta vivo   1430
que no debe un gaucho altivo
peliar entre las mujeres.

   Y al campo me iba solito,
más matrero que el venao
como perro abandonao   1435
a buscar una tapera,
o en alguna viscachera
pasar la noche tirao.

   Sin punto ni rumbo fijo
en aquella inmensidá   1440
entre tanta escuridá
anda el gaucho como duende,
allí jamás lo sorpriende
dormido la autoridad.

   Su esperanza es el coraje,   1445
su guardia es la precaución,
su pingo es la salvación,
y pasa uno en su desvelo,
sin más amparo que el cielo
ni otro amigo que el facón.   1450

   ...

...

...

...

...   1455

...

   Ansí me hallaba una noche
contemplando las estrellas,
que le parecen más bellas
cuando uno es más desgraciao,   1460
y que Dios las haiga criao
para consolarse en ellas.

   Les tiene el hombre cariño
y siempre con alegría
ve salir las tres marías   1465
y si llueve, cuanto escampa,
las estrellas son la guía
que el gaucho tiene en la Pampa.

   Aquí no valen Dotores,
solo vale la esperencia,   1470
aquí verían su inocencia
esos que todo lo saben;
porque esto tiene otra llave
y el gaucho tiene su cencia.

   Es triste en medio del campo   1475
pasarse noches enteras

contemplando en sus carreras
las estrellas que Dios cría,
sin tener más compañía
que su delito y las fieras.   1480

Me encontraba como digo,
en aquella soledá
entre tanta escuridá
echando al viento mis quejas;
cuando el ruido del chajá   1485
me hizo parar las orejas.

Como lumbriz me pegué
al suelo para escuchar,
pronto sentí retumbar
las pisadas de los fletes,   1490
y que eran muchos ginetes
conocí sin vasilar.

Cuando el hombre está en peligro
no debe tener confianza,
ansí tendido de panza   1495
puse toda mi atención,
y ya escuché sin tardanza
como el ruido de un latón.

Se venían tan calladitos
que yo me puse en cuidao,   1500
tal vez me hubieran bombiao
y me venían a buscar,
mas no quise disparar
que eso es de gaucho morao.

Al punto me santigüé   1505
y eché de giñebra un taco,
lo mesmito que el mataco
me arroyé con el porrón:
«si han de darme pa tabaco
—dige—, ésta es güena ocación».   1510

Me refalé las espuelas
para no peliar con grillos,
me arremangué el calzoncillo,
y me ajusté bien la faja,
y en una mata de paja,   1515
probé el filo del cuchillo.

Para tenerlo a la mano
el flete en el pasto até
la cincha le acomodé,
y en un trance como aquel,   1520
haciendo espaldas en él
quietito los aguardé.

Cuanto cerca los sentí
y que hay nomás se pararon,
los pelos se me erizaron   1525
y aunque nada vían mis ojos,
«no se han de morir de antojo»
les dije, cuanto llegaron.

Yo quise hacerles saber
que allí se hallaba un varón,   1530
les conocí la intención
y solamente por eso
fue que les gané el tirón,

sin aguardar voz de preso.

«Vos sos un gaucho matrero   1535
—dijo uno haciéndose güeno—,
vos matastes un moreno
y otro en una pulpería,
y aquí está la polecía
que viene a justar tus cuentas,   1540
te va a alzar por las cuarenta
si te resistís hoy día.»

«No me vengan —contesté—,
con relación de dijuntos;
esos son otros asuntos;   1545
vean si me pueden llevar,
que yo no me he de entregar
aunque vengan todos juntos.»

Pero no aguardaron más,
y se apiaron en montón   1550
como a perro cimarrón
me rodiaron entre tantos,
yo me encomendé a los Santos,
y eché mano a mi facón.

Y ya vide el fogonazo   1555
de un tiro de garabina,
mas quiso la suerte indina
de aquel maula, que me errase,
y ay no más lo levantase
lo mesmo que una sardina.   1560

A otro que estaba apurao

acomodando una bola,
le hice una dentrada sola,
y le hice sentir el fierro,
y ya salió como el perro   1565
cuando le pisan la cola.

Era tanta la aflición
y la angurria que tenían,
que tuitos se me venían
donde yo los esperaba,   1570
uno al otro se estorbaba
y con las ganas no vían.

Dos de ellos que traiban sables
más garifos y resueltos,
en las hilachas envueltos   1575
en frente se me pararon,
y a un tiempo me atropellaron
lo mesmo que perros sueltos.

Me fui reculando en falso
y el poncho adelante eché,   1580
y cuando le puse el pie
uno medio chapetón,
de pronto le di el tirón
y de espaldas lo largué.

Al verse sin compañero   1585
el otro se sofrenó
entonces le dentré yo,
sin dejarlo resollar.
Pero ya empezó a aflojar,
y a la pu... n... ta disparó.   1590

Uno que en una tacuara
había atao una tijera,
se vino como si juera
palenque de atar terneros,
pero en dos tiros certeros					1595
salió aullando campo ajuera.

Por suerte en aquel momento
venía coloriando el alba
y yo dige «si me salva
la Virgen en este apuro,					1600
en adelante le juro
ser más güeno que una malva».

Pegué un brinco y entre todos
sin miedo me entreveré
echo ovillo me quedé					1605
y ya me cargó una yunta,
y por el suelo la punta
de mi facón les jugué.

El más engolocinao
se me apió con un hachazo,					1610
se lo quité con el brazo
de no me mata los piojos;
y antes de que diera un paso
le eché tierra en los dos ojos.

Y mientras se sacudía					1615
refregándose la vista,
yo me le fui como lista
y ay no más me le afirmé

diciendole: «Dios te asista»
y de un revez lo voltié.   1620

   Pero en ese punto mesmo
sentí que por las costillas
un sable me hacia cosquillas
y la sangre se me heló
dende ese momento yo,   1625
me salí de mis casillas.

   Di para atrás unos pasos
hasta que pude hacer pie,
por delante me lo eché
de punta y tajo a un criollo,   1630
metió la pata en un hoyo,
y yo al hoyo lo mandé.

   Tal vez en el corazón
lo tocó un San Bendito
a un gaucho que pegó el grito,   1635
y dijo: «¡Cruz no consiente
que se cometa el delito
de matar ansí un valiente!».
   Y ay no más se me aparió
dentrándole a la partida,   1640
yo les hice otra envestida
pues entre dos era robo;
y el Cruz era como lobo
que defiende su guarida.

   Uno despachó al infierno   1645
de dos que lo atropellaron,
los demás remoliniarion,

pues íbamos a la fija,
y a poco andar dispararon
lo mesmo que sabandija.   1650

   Ay quedaban largo a largo
los que estiraron la geta,
otro iba como maleta,
y Cruz de atrás les decía:
«que venga otra polecía   1655
a llevarlos en carreta».

   Yo junté las osamentas,
me hinqué y les recé un bendito,
hice una cruz de un palito
y pedí a mi Dios clemente,   1660
me perdonara el delito
de haber muerto tanta gente.

   Dejamos amontonaos
a los pobres que murieron,
no sé si los recogieron   1665
porque nos fuimos a un rancho,
o si tal vez los caranchos
ay no más se los comieron.
   Lo agarramos mano a mano
entre los dos al porrón,   1670
en semejante ocasión
un trago a cualquiera encanta,
y Cruz no era remolón
ni pijotiaba garganta.

   Calentamos los gargueros   1675
y nos largamos muy tiesos,

siguiendo siempre los besos
al pichel, y por más señas
íbamos como sigüeñas
estirando los pescuesos.   1680

   «Yo me voy —le dije—, amigo,
donde la suerte me lleve,
y si es que alguno se atreve
a ponerse en mi camino
yo seguiré mi destino   1685
que el hombre hace lo que debe.»

   «Soy un gaucho desgraciado
no tengo donde ampararme,
ni un palo donde rascarme,
ni un árbol que me cubije,   1690
pero ni aun esto me aflije
porque yo sé manejarme.»

   «Antes de cair al servicio
tenía familia y hacienda,
cuando volví, ni la prenda   1695
me la habían dejado ya.
Dios sabe en lo que vendrá
a parar esta contienda.»

X. Cruz. Amigazo, pa sufrir

han nacido los varones   1700
éstas son las ocasiones
de mostrarse el hombre juerte,
hasta que venga la muerte
y lo agarre a coscorrones.

  El andar tan despilchao   1705
ningún mérito me quita,
sin sea una alma bendita
me duelo del mal ageno:
soy un pastel con relleno
que parece torta frita.   1710

  Tampoco me faltan males
y desgracias le prevengo,
también mis desdichas tengo
aunque esto poco me aflije
yo sé hacerme el chancho rengo   1715
cuando la cosa lo esige.

  Y con algunos ardiles
voy viviendo, aunque rotoso,
a veces me hago el sarnoso
y no tengo ni un granito,   1720
pero al chifle voy ganoso
como panzón al maíz frito.

  A mí no me matan penas
mientras tenga cuero sano,
venga el Sol en el verano   1725
y la escarcha en el invierno

si este mundo es un infierno
¿por qué aflijirse el cristiano?

Hagámosle cara fiera
a los males, compañero,						1730
porque el zorro más matrero
suele cair como un chorlito;
viene por un corderito
y en la estaca deja el cuero.

Hoy tenemos que sufrir						1735
males que no tienen nombre
pero esto a naides lo asombre
porque ansina es el pastel;
y tiene que dar el hombre
más vuelta que un carretel.					1740

Yo nunca me he de entregar
a los brazos de la muerte
arrastro mi triste suerte
paso a paso y como pueda
que donde el débil se queda,					1745
se suele escapar el juerte.

Y ricuerde cada cual
lo que cada cual sufrió:
que lo que es, amigo, yo,
hago así la cuenta mía						1750
ya lo pasado pasó
mañana será otro día.

Yo también tuve una pilcha
que me enllenó el corazón

y si en aquella ocasión   1755
alguien me hubiera buscao
siguro que me había hallao
más prendido que un botón.

En la güella del querer
no hay animal que se pierda   1760
las mujeres no son lerdas
y todo gaucho es dotor
si pa cantarle el amor
tiene que templar las cuerdas.

¡Quién es de una alma tan dura   1765
que no quiera a una mujer!
Lo alivia en su padecer:
si no sale calavera
es la mejor compañera
que el hombre puede tener.   1770

Si es güena, no lo abandona
cuando lo ve desgraciao,
lo asiste con su cuidao
y con afán cariñoso
y usté tal vez ni un rebozo   1775
ni una pollera le ha dao.

Grandemente lo pasaba
con aquella prenda mía
viviendo con alegría
como la mosca en la miel   1780
¡Amigo, qué tiempo aquel!
¡La pucha que la quería!

Era la águila que a un árbol
dende las nubes bajó,
era más linda que el alba   1785
cuando va rayando el Sol
era la flor deliciosa
que entre el trebolar creció.

Pero, amigo, el comendante
que mandaba la milicia,   1790
como que no desperdicia
se fue refalando a casa,
yo le conocí en la traza
que el hombre traiba malicia.

Él me daba voz de amigo   1795
pero no le tenía fe
era el gefe, y ya se ve
no podía competir yo
en mi rancho se pegó
lo mesmo que saguaipé.   1800

A poco andar conocí
que ya me había desbancao,
y él siempre muy entonao
aunque sin darme ni un cobre,
me tenía de lao a lao   1805
como encomienda de pobre.

A cada rato de chasque
me hacía dar a gran distancia,
ya me mandaba a una estancia,
ya al pueblo, ya a la frontera   1810
pero él en la comendancia

no ponía los pies siquiera.

Es triste a no poder más
el hombre en su padecer,
si no tiene una mujer   1815
que lo ampare y lo consuele;
mas pa que otro se la pele
lo mejor es no tener.

No me gusta que otro gallo
le cacaree a mi gallina   1820
yo andaba ya con la espina,
hasta que en una ocasión
lo pillé junto al jogón
abrazándome a la china.

Tenía el viejito una cara   1825
de ternero mal lamido,
y al verlo tan atrevido
le dije: «que le aproveche
que había sido pa el amor
como guacho pala la leche».   1830

Peló la espada y se vino
como a quererme ensartar,
pero yo sin tutubiar
le volví al punto a decir:
«cuidao no te vas a pér... tigo,   1835
poné cuarta pa salir».

Un puntazo me largó
pero el cuerpo le saqué,
y en cuanto se lo quité

para no matar un viejo,   1840
con cuidao, medio de lejos
un planazo le asenté.

Y como nunca al que manda
le falta algún adulón,
uno que en esa ocasión   1845
se encontraba allí presente
vino apretando los dientes
como perrito mamón.

Me hizo un tiro de revuélver
que el hombre creyó siguro,   1850
era confiao y le juro
que cerquita se arrimaba
pero siempre en un apuro
se desentumen mis tabas.

Él me siguió menudiando   1855
mas sin poderme acertar,
y yo, dele culebriar,
hasta que al fin le dentré
y hay no más lo despaché
sin dejarlo resollar.   1860

Dentré a campiar en seguida
al viejito enamorao;
el pobre se había ganao
en un noque de lejía.
¡Quién sabe cómo estaría   1865
del susto que había llevao!

¡Es sonzo el cristiano macho

cuando el amor lo domina!
él la miraba a la indina,
y una cosa tan jedionda   1870
sentí yo, que ni en la fonda
he visto tal jedentina.

   Y le dije: «pa su agüela
han de ser esas perdices».
Yo me tapé las narices   1875
y me salí estornudando,
y el viejo quedó olfatiando
como chico con lumbrices.

   Cuando la mula recula
señal que quiere cosiar   1880
ansí se suele portar
aunque ella lo disimula,
recula como la mula
la mujer, para olvidar.

   Alcé mi poncho y mis prendas   1885
y me largué a padecer
por culpa de una mujer
que quiso engañar a dos
al rancho le dije adiós
para nunca más volver.   1890

   Las mujeres, dende entonces,
conocí a todas en una
ya no he de probar fortuna
con carta tan conocida:
¡mujer y perra parida,   1895
no se me atraca ninguna!

XI. A otros les brotan las coplas

como agua de manantial:
pues a mí me pasa igual
aunque las mías nada valen,   1900
de la boca se me salen
como ovejas del corral.

   Que en puertiando la primera
ya la siguen las demás,
y en montones las de atrás,   1905
contra los palos se estrellan,
y saltan y se atropellan
sin que se corten jamás.

   Y aunque yo por mi inorancia
con gran trabajo me esplico,   1910
cuando llego a abrir el pico,
téngalo por cosa cierta,
sale un verso y en la puerta
ya asoma el otro el hocico.

   Y emprésteme su atención   1915
me oirá relatar las penas
de que traigo la alma llena
porque en toda circunstancia
paga el gaucho su inorancia
con la sangre de sus venas.   1920

   Después de aquella desgracia
me refugié en los pajales,
anduve entre los cardales
como bicho sin guarida

pero, amigo, es esa vida   1925
como vida de animales.

   Y son tantas las miserias
en que me he sabido ver
que con tanto padecer
y sufrir tanta aflición,   1930
malicio que he de tener
un callo en el corazón.

   Ansí andaba como guacho
cuando pasa el temporal
supe una vez pa mi mal   1935
de una milonga que había,
y ya pa la pulpería
enderecé mi bagual.

   Era la casa del baile
un rancho de mala muerte,   1940
y se enllenó de tal suerte
que andábamos a empujones;
nunca faltan encontrones
cuando el pobre se divierte.

   Yo tenía unas medias botas   1945
con tamaños verdugones
me pusieron los talones
con cresta como los gallos
si viera mis afliciones
pensando yo que eran callos.   1950

   Con gato y con fandanguillo
había empezao el changango

y para ver el fandango
me colé haciéndome bola
mas, metió el diablo la cola,   1955
y todo se volvió pango.

    Había sido el guitarrero
un gaucho duro de boca
yo tengo pacencia poca
pa aguantar cuando no debo,   1960
a ninguno me le atrevo
pero me halla el que me toca.

    A bailar un pericón
con una moza salí,
y cuanto me vido allí   1965
sin duda me conoció
y estas coplitas cantó
como pa reírse de mí:

    «Las mujeres son todas
como las mulas
yo no digo que todas   1970
pero hay algunas
que a las aves que vuelan
les sacan plumas.»

    «Hay gauchos que presumen
de tener damas   1975
no digo que presumen
pero se alaban
y a lo mejor los dejan
tocando tablas.»

Se secretiaron las hembras
y yo ya me encocoré
volié la anca y le grité
«deja de cantar... chicharra».
Y de un tajo a la guitarra
tuitas las cuerdas corté.

Al punto salió de adentro
un gringo con un jusil
pero nunca he sido vil,
poco el peligro me espanta
yo me refalé la manta
y la eché sobre el candil.

Gané en seguida la puerta
gritando: «naides me ataje»
y alborotao el hembraje
lo que todo quedó escuro,
empezó a verse en apuro
mesturao con el gauchage.

El primero que salió
fue el cantor y se me vino
pero yo no pierdo el tino
aunque haiga tomao un trago
y hay algunos por mi pago
que me tienen por ladino.

No ha de haber achocao otro
le salió cara la broma;
a su amigo cuando toma
se le despeja el sentido,

y el pobrecito había sido
como carne de paloma.

   Para prestar un socorro   2010
las mujeres no son lerdas
antes que la sangre pierdan
lo arrimaron a unas pipas
ay lo dejé con las tripas
como pa que hiciera cuerdas.   2015

   Monté y me largué a los campos
más libre que el pensamiento,
como las nubes al viento
a vivir sin paradero.
Que no tiene el que es matrero   2024
nido, ni rancho, ni asiento.

   No hay fuerza contra el destino
que le ha señalado el cielo
y aunque no tenga consuelo
aguante el que está en trabajo   2025
¡naides se rasca pa abajo!
¡ni se lonjea contra el pelo!

   Con el gaucho desgraciao
no hay uno que no se entone
¡la menor falta lo espone   2030
a andar con las avestruces!
Faltan otros con más lucez
y siempre hay quien los perdone.

XII. Yo no sé qué tantos meses

esta vida me duró,   2035
a veces nos obligó
la miseria a comer potro
me había acompañao con otros
tan desgraciaos como yo.

Mas ¿para qué platicar   2040
sobre esos males?, ¿canejo?
Nace el gaucho y se hace viejo,
sin que mejore su suerte,
hasta que por hay la muerte
sale a cobrarle el pellejo.   2045

Pero como no hay desgracia
que no acabe alguna vez,
me aconteció que después
de sufrir tanto rigor,
un amigo por favor   2050
me compuso con el juez.

Le alvertiré que en mi pago
ya no va quedando un criollo,
se los ha tragao el hoyo,
o juido o muerto en la guerra 2055
porque, amigo, en esta tierra
nunca se acaba el embroyo.

Colijo que jue por eso
que me llamó el juez un día
y me dijo que quería   2060

hacerme a su lao venir,
y que dentrase a servir
de soldao de Polecía.

   Y me largó una ploclama
tratándome de valiente,   2065
que yo era un hombre decente,
y que dende aquel momento
me nombraba de sargento
pa que mandara la gente.

   Ansí estuve en la partida   2070
pero, ¿qué había de mandar?
Anoche al irlo a tomar
vide güena coyuntura
y a mí no me gusta andar
con la lata a la cintura.   2075

   ...

   ...

   ...

   ...

   ...   2080

   ...

   Ya conoce pues, quien soy,

tenga confianza conmigo,
Cruz le dio mano de amigo
y no lo ha de abandonar   2085
juntos podremos buscar
pa los dos un mesmo abrigo.

   Andaremos de matreros
si es preciso pa salvar
nunca no ha de faltar   2090
ni un buen pingo para juir,
ni un pajal ande dormir,
ni un matambre que ensartar.

   Y cuando sin trapo alguno
nos haiga el tiempo dejao   2095
yo le pediré emprestao
el cuero a cualquiera lobo
y hago un poncho, si lo sobo,
mejor que poncho engomao.

   Para mí la cola es pecho   2100
y el espinazo cadera
hago mi nido ande quiera
y de lo que encuentre como
me echo tierra sobre el lomo
y me apeo en cualquier tranquera.   2105

   Y dejo correr la bala
que algún día se ha de parar
tiene el gaucho que aguantar
hasta que lo trague el hoyo
o hasta que venga algún criollo   2110

en esta tierra a mandar.

    Lo miran al pobre gaucho
como carne de cogote:
lo tratan al estricote
y si ansí las cosas andan,   2115
porque quieren los que mandan
aguantemos los azotes.

    Pucha si usté los oyera
como yo en una ocasión,
tuita la conversación   2120
que con otro tuvo el juez
le asiguro que esa vez
se me achicó el corazón.

    Hablaban de hacerse ricos
con campos en las fronteras   2125
de sacarlas más afueras
donde había campos baldidos
y llevar de los partidos
gente que la defendiera.

    Todo se güelven proyectos   2130
de colonia y carriles
y tirar la plata a miles
en los gringos enganchaos
mientras el pobre soldao
le pelan la chaucha —¡ah! ¡viles!   2135

    Pero si siguen las cosas
como van hasta el presente

puede ser que de repente
veamos el campo disierto,
y blanqueando solamente   2140
los güesos de los que han muerto.

   Hace mucho que sufrimos
la suerte reculativa
trabaja el gaucho y no arriba,
porque a lo mejor del caso,   2145
lo levantan de un sogazo
sin dejarle ni saliva.

   De los males que sufrimos
hablan mucho los puebleros,
pero hacen como los teros   2150
para esconder sus niditos:
en un lao pegan los gritos
y en otros tienen los güevos.

   Y se hacen los que no aciertan
a dar con la coyontura   2155
mientras el gaucho lo apura
con rigor la autoridá,
ellos a la enfermedá,
le están errando la cura.

XIII. Martín Fierro

Ya veo que somos los dos   2160
astilla del mesmo palo
yo paso por gaucho malo
y usted anda del mesmo modo
y yo pa acabarlo todo
a los indios me resfalo.   2165

Pido perdón a mi Dios
que tantos bienes me hizo
pero dende que es preciso
que viva entre los infieles
yo seré cruel con los crueles   2170
ansí mi suerte lo quiso.

Dios formó lindas las flores,
delicadas como son
les dio toda perfección
y cuanto él era capaz   2175
pero al hombre le dio más
cuando le dio el corazón.

Le dio claridá a la luz,
juerza en su carrera al viento,
le dio vida y movimiento   2180
dende el águila al gusano
pero más le dio al cristiano
al darle el entendimiento.

Y aunque a las aves les dio
con otras cosas que inoro   2185

esos piquitos como oro
y un plumaje como tabla
le dio al hombre más tesoro
al darle una lengua que habla.

   Y dende que dio a las fieras		2190
esa juria tan inmensa,
que no hay poder que las vensa
ni nada que las asombre
¿qué menos le daría al hombre
que el valor pa su defensa?		2195

   Pero tantos bienes juntos
al darle, malicio yo
que en sus adentros pensó
que el hombre los precisaba
que los bienes igualaba		2200
con las penas que le dio.

   Y yo empujao por las mías
quiero salir de este infierno:
ya no soy pichón muy tierno
y sé manejar la lanza		2205
y hasta los indios no alcanza
la facultá del Gobierno.

   Yo sé que allá los casiques
amparan a los cristianos,
y que los tratan de «Hermanos»		2210
cuando se van por su gusto.
A qué andar pasando sustos...
alcemos el poncho y vamos.

En la cruzada hay peligros
pero ni aun esto me aterra   2215
yo ruedo sobre la tierra
arrastrao por mi destino
y si erramos el camino...
no es el primero que lo erra.

Si hemos de salvar o no   2220
de esto naides nos responde,
derecho ande el Sol se esconde
tierra adentro hay que tirar,
algún día hemos de llegar
después sabremos a dónde.   2225

No hemos de perder el rumbo
los dos somos güena yunta
el que es gaucho va ande apunta
aunque inore ande se encuentra;
pa el lao en que el Sol se dentra   2230
dueblan los pastos la punta.

De hambre no perecemos
pues según otros me han dicho
en los campos se hallan bichos
de lo que uno necesita...   2235
gamas, matacos, mulitas,
avestruces y quirquinchos.

Cuando se anda en el desierto
se come uno hasta las colas
lo han cruzao mujeres solas   2240

llegando al fin con salú,
y ha de ser gaucho el ñandú
que se escape de mis colas.

Tampoco a la sé le temo,
yo la aguanto muy contento,   2245
busco agua olfatiando al viento
y dende que no soy manco,
ande hay duraznillo blanco
cavo, y la saco al momento.

Allá habrá siguridá   2250
ya que aquí no la tenemos,
menos males pasaremos
y ha de haber grande alegría
el día que nos delcolguemos
en alguna toldería.   2255

Fabricaremos un toldo
como lo hacen tantos otros
con unos cueros de potro,
que sea sala y sea cocina,
¡tal vez no falte una china   2260
que se apiade de nosotros!

Allá no hay que trabajar,
vive uno como un señor
de cuando en cuando un malón
y si de él sale con vida,   2265
lo pasa echao panza arriba
mirando dar güelta el Sol.

    Y ya que a juerza de golpes
la suerte nos dejó a flus,
puede que allá veamos luz   2270
y se acaben nuestras penas;
todas las tierras son güenas...
vámosnos amigo Cruz.

    El que maneja las bolas,
el que sabe echar un pial;   2275
y sentársele a un bagual
sin miedo de que lo baje,
entre los mesmos salvajes
no puede pasarlo mal.

    El amor como la guerra   2280
lo hace el criollo con canciones
a más de eso en los malones
podemos aviarnos de algo;
en fin amigo, yo salgo
de estas pelegrinaciones.   2285

    ...

    ...

    ...

    ....

    ...   2290

...

En este punto el cantor
buscó un porrón pa consuelo,
echó un trago como un cielo
dando fin a su argumento;   2295
y de un golpe al instrumento
lo hizo astillas contra el suelo.

«Ruempo —dijo—, la guitarra
pa no volverla a tentar;
ninguno la ha de tocar,   2300
por siguro tenganló;
pues naides ha de cantar
cuando este gaucho cantó.»

Y daré fin a mis coplas
con aire de relación,   2305
nunca falta un preguntón
más curioso que mujer,
y tal vez quiera saber
cómo jue la conclusión:

Cruz y Fierro de una estancia   2310
una tropilla se arriaron
por delante se la echaron
como criollos entendidos,
y pronto sin ser sentidos
por la frontera cruzaron.   2315

Y cuando la habían pasao,

una madrugada clara
le dijo Cruz que mirara
las últimas poblaciones;
y a Fierro dos lagrimones   2320
le rodaron por la cara.

    Y siguiendo el fiel del rumbo
se entraron en el desierto
no sé si los habrán muerto
en alguna correría,   2325
pero espero que algún día
sabré de ellos algo cierto.

    Y ya con estas noticias
mi relación acabé,
por ser ciertas les conté   2330
todas las desgracias dichas
es un telar de desdichas
cada gaucho que usté ve.

    Pero ponga su esperanza
en el Dios que lo formó,   2335
y que me despido yo
que he relatao a mi modo,
males que conocen todos
pero que naides cantó.

Fin

Libros a la carta

A la carta es un servicio especializado para
empresas,
librerías,
bibliotecas,
editoriales
y centros de enseñanza;
y permite confeccionar libros que, por su formato y concepción, sirven a los propósitos más específicos de estas instituciones.

Las empresas nos encargan ediciones personalizadas para marketing editorial o para regalos institucionales. Y los interesados solicitan, a título personal, ediciones antiguas, o no disponibles en el mercado; y las acompañan con notas y comentarios críticos.

Las ediciones tienen como apoyo un libro de estilo con todo tipo de referencias sobre los criterios de tratamiento tipográfico aplicados a nuestros libros que puede ser consultado en Linkgua-ediciones.com.

Linkgua edita por encargo diferentes versiones de una misma obra con distintos tratamientos ortotipográficos (actualizaciones de carácter divulgativo de un clásico, o versiones estrictamente fieles a la edición original de referencia).

Este servicio de ediciones a la carta le permitirá, si usted se dedica a la enseñanza, tener una forma de hacer pública su interpretación de un texto y, sobre una versión digitalizada «base», usted podrá introducir interpretaciones del texto fuente. Es un tópico que los profesores denuncien en clase los desmanes de una edición, o vayan comentando errores de interpretación de un texto y esta es una solución útil a esa necesidad del mundo académico.

Asimismo publicamos de manera sistemática, en un mismo catálogo, tesis doctorales y actas de congresos académicos, que son distribuidas a través de nuestra Web.

El servicio de «libros a la carta» funciona de dos formas.

1. Tenemos un fondo de libros digitalizados que usted puede personalizar en tiradas de al menos cinco ejemplares. Estas personalizaciones pueden ser de todo tipo: añadir notas de clase para uso de un grupo de estudiantes, introducir logos corporativos para uso con fines de marketing empresarial, etc. etc.

2. Buscamos libros descatalogados de otras editoriales y los reeditamos en tiradas cortas a petición de un cliente.